BEI GRIN MACHT SICH IHR
WISSEN BEZAHLT

- Wir veröffentlichen Ihre Hausarbeit,
  Bachelor- und Masterarbeit

- Ihr eigenes eBook und Buch -
  weltweit in allen wichtigen Shops

- Verdienen Sie an jedem Verkauf

Jetzt bei www.GRIN.com hochladen
und kostenlos publizieren

Vergleich Informationssicherheits-Standards ISO/IEC 27000 und BSI IT-Grundschutz. Gemeinsamkeiten und Unterschiede beider Standards

Anonym

Bibliografische Information der Deutschen Nationalbibliothek:

Die Deutsche Nationalbibliothek verzeichnet diese Publikation in der Deutschen Nationalbibliografie; detaillierte bibliografische Daten sind im Internet über http://dnb.d-nb.de abrufbar.

ISBN: 9783346792013
Dieses Buch ist auch als E-Book erhältlich.

Druck und Bindung: Books on Demand GmbH, Norderstedt Germany
Gedruckt auf säurefreiem Papier aus verantwortungsvollen Quellen

Das vorliegende Werk wurde sorgfältig erarbeitet. Dennoch übernehmen Autoren und Verlag für die Richtigkeit von Angaben, Hinweisen, Links und Ratschlägen sowie eventuelle Druckfehler keine Haftung.

Das Buch bei GRIN: https://www.grin.com/document/1315837

Studienarbeit

über das Thema

Gemeinsamkeiten und Unterschiede der beiden Informationssicherheits-Standards ISO/IEC 27000 und BSI IT-Grundschutz

Inhaltsverzeichnis

Abbildungsverzeichnis

Vorwort

In dieser Studienarbeit sollen die beiden Standards für die Informationssicherheit (ISO/IEC 27000 und BSI IT-Grundschutz) kurz dargestellt werden, um Gemeinsamkeiten und Unterschiede zu eruieren. Im ersten Kapitel wird die ISO/IEC 27000 Familie kurz dargestellt. Das zweite Kapitel stellt den Standard des BSI IT-Grundschutzes dar. Im dritten Kapitel werden die beiden Standards miteinander verglichen, um deren Gemeinsamkeiten und die Unterschiede zu erläutern. Abschließend folgt ein kurzes Fazit.

1. Kurzdarstellung ISO/IEC 27000 – Familie

Die internationale Normenreihe umfasst mehrere Einzelwerke, die sukzessive veröffentlicht wurden oder noch werden (vgl. ISO, 2022). Wenn von der ISO/IEC 27000 gesprochen wird, umfasst dies immer die gesamte Normenreihe mit allen darin befindlichen Standards. Die wahrscheinlich am meisten genutzten Dokumente dieser Normenreihe ist die Norm ISO/IEC 27001, welche die Mindestanforderungen an ein Informationssicherheits-Managementsystem (ISMS) festlegt und die ISO/IEC 27002, welche den Annex A der ISO/IEC 27001 spezifiziert und weiterführende Hinweise zu den einzelnen Controls definiert (Code of Practice).

In der Normenreihe ISO/IEC 27000 ist von normativen und informativen Normen zu unterscheiden.

- Die allgemeinen Anforderungen sind in der ISO/IEC 27001 (Anforderungen) und in der ISO/IEC 27006 (Anforderungen an Zertifizierungsstellen normativ vorgegeben (vgl. ISO, 2022).
- Allgemeine Leitfäden und damit nicht normativ, sondern informativ, sind die ISO/IEC 27002 (Leitfaden – Code of Practice), ISO/IEC 27003 (Leitfaden zur Umsetzung), ISO/IEC 27004 (Messungen), ISO/IEC 27005 (Risikomanagement) und ISO/IEC 27007 (Leitfaden zu Audits) (vgl. ebd.).
- Branchenspezifische Leitfäden sind z.B. ISO/IEC 27017 (Cloud Security), ISO/IEC 27036 (Supplier Security), ISO/IEC 27040 (Storage Security) und ISO/IEC 27799 (Gesundheitswesen) (vgl. Kersten et.al, 2019, S. 3, Abb. 1.2).

Die ISO/IEC 27001 möchte im Bereich des ISMS eine kontinuierliche Verbesserung durch Anwendung des Deming-Zyklus (PDCA) sicherstellen (vgl. ISO, 2022). Dabei geht es um das Konzipieren, Implementieren, Überwachen und letztlich Verbessern des gesamten ISMS. Der normative Anhang A enthält alle Controls, die umgesetzt werden müssen. Der Zweck der ISO/IEC 27001 ist die Bereitstellung von Anforderungen und eine einheitliche Basis zur Schaffung von Konformitätsaudits und ISMS-Zertifizierungen (vgl. ebd.). Inhaltlich wird die Spezifikation von Anforderungen zur Festlegung, Umsetzung, Überprüfung und Verbesserung eines formalen ISMS dargestellt. Dabei sind auf die Erfordernisse der jeweiligen Organisation einzugehen, sodass der generische Ansatz der ISO/IEC 27000 Familie grundsätzlich für alle Unternehmen geeignet ist (privatwirtschaftliche Unternehmen sowie staatliche Einrichtungen) (vgl. ebd.). Die ISO/IEC 27001 verfolgt grundsätzlich ein risikobasiertes Vorgehen.

Hinweis: Die ISO/IEC 27001:2017 befindet sich aktuell in der Überarbeitung zur Version 2022. Die ISO/IEC 27002:2022 wurde bereits veröffentlicht.

Die Maßnahmen und Maßnahmenziele (Controls) in der ISO/IEC 27002:2022 wurden angepasst und stellen sich nun in vier Kategorien wie folgt dar:

- A.5 Organizational Controls (insgesamt 37)
- A.6 People Controls (insgesamt 8)
- A.7 Physical Controls (insgesamt 14)
- A.8 Technnological Controls (insgesamt 34)

Insgesamt existieren in der 2022 Version 96 Controls (vorher 114). Es wurde jedoch nichts entfernt, sondern wenige bereits vorhandene Controls wurden teilweise auch in neue Controls übernommen und es sind einige hinzugekommen.

2. Kurzdarstellung BSI – IT-Grundschutz

Der BSI - IT-Grundschutz (vgl. BSI - IT-Grundschutz, o.D.) ist mittlerweile über 25 Jahre alt und ein spezifiziertes Vorgehensmodell, welches bereits vorgefertigte Risikoanalysen für bestimmte Werte respektive Einsatzszenarien in der öffentlichen Verwaltung bereitstellt. Dabei ist ein wesentlicher Bestandteil des IT-Grundschutzes die bereits durchgeführten Risikoanalysen für den Schutzbedarf „normal" bezogen auf gängige Zielobjekte. Der IT-Grundschutz verfolgt einen ganzheitlichen Ansatz und umfasst sowohl infrastrukturelle-, organisatorische-, personelle- und technische Sicherheitsanforderungen, die sich in den einzelnen Bausteinen wiederfinden und in Basis-, Standard-Anforderungen und Anforderungen bei erhöhtem Schutzbedarf klassifiziert sind (BSI, 2022; vgl. Abb. 2).

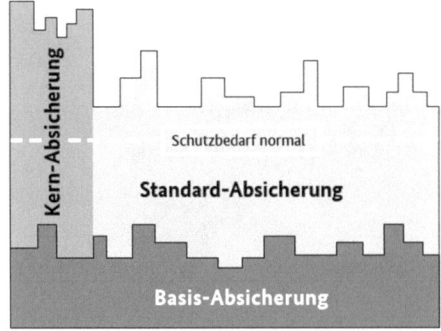

Abbildung 1: Vorgehensweise IT-Grundschutz (vgl. BSI, 2017)

„Die **Basis-Absicherung** liefert einen Einstieg zur Initiierung eines ISMS. Mit der **Standard-Absicherung** kann ein kompletter Sicherheitsprozess implementiert werden. Diese Absicherung […] ist kompatibel zur ISO 27001-Zertifizierung. Die **Kern-Absicherung** ist eine Vorgehensweise zum Einsteig [sic!] in ein ISMS, bei der zunächst ein kleiner Teil eines größeren Informationsverbundes betrachtet wird (BSI, 2017)".

Das Ziel ist, ein Standard-Sicherheitsniveau aufzubauen, um geschäftsrelevante Informationen zu schützen. Der BSI – IT-Grundschutz besteht aus dem IT-Grundschutz-Kompendium und den BSI-Standards (vgl. BSI-Standards, o.D.). Es existieren fünf BSI-Standards:

- 200-1: Managementsysteme für Informationssicherheit
- 200-2: IT-Grundschutz-Methodik
- 200-3: Risikomanagement
- 200-4: Business Continuity Management (aktuell im Community Draft)
- 100-4: Notfallmanagement (diese wird jedoch durch die 200-4 nach Finalisierung ersetzt)

Das IT-Grundschutz-Kompendium unterteilt sich in Schichten von Bausteinen (Schichtenmodell), welche den systemorientierten - oder den prozessorientierten Bausteinen zugeordnet werden können (vgl. BSI-Standard 200-2, 2017). Die Unterscheidung ist dadurch gegeben, dass Prozessbausteine in der Regel für sämtliche oder große Teile des Informationsverbundes gleichermaßen gelten. Systembausteine lassen sich in der Regel auf einzelne Objekte oder Gruppen von Objekten anwenden.

Zu den prozessorientierten Bausteinen gehören (vgl. Abb. 2):
- ISMS – Managementsysteme für Informationssicherheit
- ORP – Organisation und Personal
- CON – Konzepte und Vorgehensweisen
- OPS – Betrieb
- DER – Detektion und Reaktion

Die systemorientierten Bausteine gliedern sich in die folgenden Schichten (vgl. Abb. 2):
- INF – Infrastruktur
- NET – Netze und Kommunikation
- SYS – IT-Systeme
- APP – Anwendungen
- IND – Industrielle IT

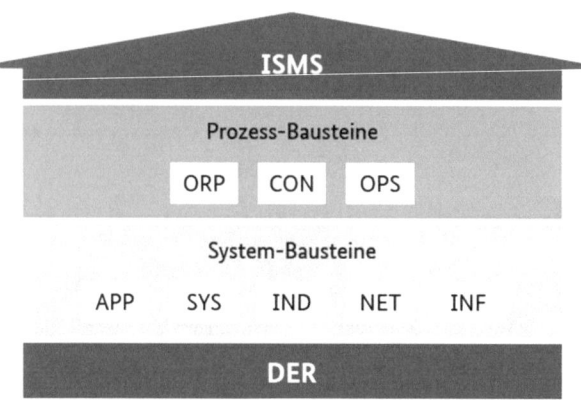

Abbildung 2: Darstellung Schichtenmodell (vgl. BSI, 2017)

Jeder Baustein im Grundschutz-Kompendium enthält eine kurze Beschreibung der Thematik und des Ziels, eine Abgrenzung zu anderen Bausteinen, Gefährdungen, die für den Baustein relevant sein könnten und die konkreten Sicherheitsanforderungen (vgl. BSI-Standard 200-2, S.13).

Die Einteilung der Bausteine bietet folgende Vorteile (vgl. BSI, 2017, S. 137):

- Durch die Aufteilung der Einzelaspekte wird die Komplexität der Themen reduziert.
- Redundanzen werden vermieden. Dadurch können gezielt Einzelaspekte aktualisiert werden.
- Zuständigkeiten werden gebündelt (z.B. adressiert die Schicht INF die Haustechnik).
- Leichtere Aktualisierung von Einzelaspekten, ohne das andere Schichten umfangreich tangiert werden.

3. Vergleich beider Standards

Um beide Standards miteinander vergleichbar zu machen, wurden nachfolgende Rubriken/Kategorien definiert:

Möglichkeit zum Aufbau eines ISMS, Anwendbarkeit, Weiterführende Dokumente, Angleichung, Kontinuierlicher Verbesserungsprozess, Zertifizierungsfähigkeit, Umsetzungshinweise und Bekanntheit, Risikomanagement, Komplexität, Vorgaben, Pflichtdokumente, Gebühren, Stand der Technik, Sicherheitskontrollen und Umsetzungsmethodik.

3.1 Gemeinsamkeiten

– **Möglichkeit zum Aufbau eines ISMS:** Beide Standards geben Empfehlungen für Maßnahmen ab, um ein Informationssicherheitsmanagementsystem einzuführen, zu betreiben, zu überprüfen und letztlich verbessern zu können.

– **Anwendbarkeit:** Die ISO 27001/27002 lässt sich auf alle Arten und Größen von Organisationen, sei es staatliche oder privatwirtschaftliche, anwenden. Der IT-Grundschutz ist - auch wenn in erster Linie eher für die öffentliche Verwaltung entworfen - nicht ausschließlich dafür anwendbar, sondern kann ebenfalls für privatwirtschaftliche Unternehmen jeder Größe angewandt werden: „[…] für Behörden, Unternehmen und Institutionen, die sich mit der Absicherung ihrer Daten, Systeme und Informationen befassen wollen" (BSI, IT-Grundschutz, o.D.).

– **Weiterführende Dokumente:** Die ISO/IEC 27000 hat neben den beiden elementaren Normen (27001 und 27002) weitere Normen (z.B. Risikomanagement, branchenspezifische Standards etc.) in der ISO/IEC 27000 Familie, die helfen, ein effektives Sicherheitsmanagementsystem aufzubauen (vgl. Kap. 1). Auch der BSI IT-Grundschutz hat neben dem eigentlichen Grundschutz-Kompendium flankierende Dokumente (BSI-Standards wie Risikomanagement oder Notfallplanung, Technische Richtlinien etc.), die helfen, ein effektives Sicherheitsmanagementsystem aufzubauen (vgl. Kap. 2).

– **Angleichung:** Seit dem Jahr 2006 gleicht das BSI zudem regelmäßig seinen Standard an internationalen Normen, auch der ISO/IEC 27001, an (vgl. BSI, 2021).

- **Kontinuierlicher Verbesserungsprozess:** Weiterhin gemeinsam ist, dass beide Sicherheitsstandards gem. des PDCA-Zyklus nach Deming (Plan – Do – Check – Act) geplant, aufgebaut, betrieben und kontinuierlich verbessert werden, denn „Informationssicherheit ist kein Zustand, der einmal erreicht wird und dann fortbesteht, sondern ein Prozess, der kontinuierlich angepasst werden muss" (BSI, Lerneinheit 2.1, o.D.).

- **Zertifizierungsfähigkeit:** Beide Standards sind zertifizierungsfähig. Der IT-Grundschutz kann eigenständig oder nach „ISO 27001 auf Basis von IT-Grundschutz" zertifiziert werden (vgl. BSI, Zertifizierung auf Basis IT-Grundschutz, o.D.). Dabei ist es hilfreich, die vom BSI herausgegebene „Zuordnungstabelle ISO zum IT-Grundschutz" in der jeweils aktuellen Fassung als Hilfestellung heranzuzuziehen (vgl. BSI, 2021). Diese ist aktuell noch nicht auf die Version 2022 übertragen worden.

3.2 Unterschiede

- **Umsetzungshinweise und Bekanntheit:** Die ISO 27001 und die ISO 27002 (nachfolgend ISO 27001/27002 geschrieben) ist ein internationaler anerkannter Standard, der Maßnahmen jedoch lediglich abstrakt, d.h. generisch, empfiehlt. Sie gibt also Vorgaben zum Ziel bzw. Rahmen, also was erreicht werden soll, jedoch keine Vorgaben, wie dies zu erreichen ist (vgl. ISO, 2022). Der IT-Grundschutz des BSI definiert ein spezifisches Vorgehensmodell, indem vorgefertigte Risikoanalysen für bestimmte Werte und Einsatzszenarien in der öffentlichen Verwaltung bereitstehen (vgl. BSI, 2022). Die Empfehlungen sind sehr konkret, d.h. maßnahmenorientiert, um Anforderungen an die Informationssicherheit zu erfüllen (vgl. BSI, 2022). Die Verbreitung des IT-Grundschutzes ist zudem nur national auf Deutschland beschränkt.

- **Risikomanagement:** Die ISO 27001/27002 fordert eine vollständige Risikoanalyse (bevorzugt ein eigenes Risikomanagement) (vgl. ISO 27005 – Risikomanagement). Beim IT-Grundschutz sind die Risiken bereits für Objekte der Schutzbedarfskategorie „normal" in den jeweiligen Bausteinen eingepreist (vgl. BSI Standard 200-2, 2017). Dies bedeutet, dass bei der Erfüllung von Standard-Anforderungen eines Bausteins im Normalfall ein angemessener und ausreichender Schutz besteht (vgl. BSI-

Standard, 200-2, 2017, S. 74). Bei hohen oder sehr hohen Schutzbedarf ist zu entscheiden, ob eine zusätzliche Risikoanalyse erfolgen muss (vgl. ebd.; BSI Standard 200-3 Risikoanalyse).

– **Komplexität:** Die ISO 27001/27002 besteht aus ca. 100 Seiten mit insgesamt 93 Controls (vgl. Kap. 1). Die IT-Grundschutzkataloge haben zusammengefasst mehr als 4000 Seiten. Dazu zählen auch die weiterführenden Dokumente, wie zum Beispiel „Technische Richtlinien". Eine Anpassbarkeit des IT-Grundschutzes ist generell möglich, wird allerdings selten durch die einzelnen Organisationen durchgeführt, was dazu führt, dass der IT-Grundschutz des BSI als zu komplex wahrgenommen werden kann (ISO, 2022; BSI, 2022).

– **Vorgaben:** Durch die generische Ausgestaltung der ISO 27001/27002 sind die beschriebenen Maßnahmen eher allgemeine Vorgaben durch abstrakte Rahmenbedingungen. Der IT-Grundschutz gibt sehr konkrete Vorgaben und Umsetzungsempfehlungen (vgl. ISO, 2022; BSI, 2022).

– **Pflichtdokumente:** Die ISO 27001/27002 fordert die Erstellung von Pflichtdokumenten ohne exakte Vorgaben. Beim IT-Grundschutz wird spezifisch vorgegeben, wie die Pflichtdokumente auszusehen haben und welcher Inhalt in den jeweiligen Dokumenten bearbeitet werden muss. Dies führt u.a. dazu, dass die Pflichtdokumente des IT-Grundschutzes oft sehr formal wirken und die „Einleitung ins Dokument" als viel wahrgenommen wird (z.B. Dokumentenhistorie, Klassifikation von Dokumenten, vorgegebene Kapitel).

– **Gebühren:** Der internationale Standard ISO/IEC 27000 kostet Geld. Bei Anpassungen bzw. Weiterentwicklung des Standards muss dieser neu erstanden werden, um die Maßnahmen für eine eventuelle Zertifizierung oder eine erneute Zertifizierung weiterhin umsetzen zu können. Der IT-Grundschutz ist grundsätzlich kostenlos.

– **Stand der Technik:** Das BSI definiert im Grundschutz-Kompendium den Stand der Technik. Dieser ist immer dann gegeben, wenn im jeweiligen Baustein der betroffenen zu schützenden Assets die Basis- und Standard-Anforderungen umgesetzt werden: „Gemeinsam mit den Basis-Anforderungen entsprechen die folgenden Anforderungen dem Stand der Technik für diesen Baustein" (BSI, 2022). In der ISO 27001/27002 wird der Stand der Technik nicht explizit definiert (vgl. ISO, 2022). Hinzu kommt, dass das IT-Grundschutz-Kompendium - als Kern des IT-Grundschutzes - jährlich aktualisiert wird und die in den einzelnen Bausteinen genannten Maßnahmen dadurch zeitnah angepasst, ergänzt oder gestrichen werden. Die ISO/IEC 270001/27002 wird ca. alle vier bis fünf Jahre aktualisiert.

– **Sicherheitskontrollen:** Bei der ISO 27001/27002 sind die Sicherheitskontrollen auf den Schutz der Privatheit personenbezogener Daten, den Schutz von Urheberrechten und den Schutz von Unternehmensdaten bezogen (vgl. ISO, 2022). Um diesen Schutz zu gewährleisten, müssen die 93 Controls der ISO 27001/27002 angewandt werden. Diese sind danach strukturiert, wo die Maßnahmen ansetzen (Organisation, Personen, physisch, technologisch) (vgl. Kap. 1). Beim IT-Grundschutz sind die Sicherheitskontrollen innerhalb des jeweiligen Bausteins definiert. So besteht jeder Baustein aus zwei größeren Teilen. Im ersten Teil enthält jeder Baustein mögliche Gefährdungen (z.B. Diebstahl, Verschmutzung, Sabotage etc.), die aus dem elementaren Gefährdungskatalog des BSI (vgl. BSI, 2022) abgeleitet werden und bei denen entweder von Personen oder Umweltbedingungen ausgegangen wird. Der zweite Teil der Bausteine enthält für die Sicherheitskontrollen die Sicherheitsanforderungen, die in Basis-, Standard-Anforderungen oder Anforderungen beim erhöhten Schutzbedarf untergliedert sind (vgl. Kap. 2).

– **Umsetzungsmethodik:** Der Kern beider Standards ist grundsätzlich identisch, es soll eine hohe Informationssicherheit durch Planung, Umsetzung, Überprüfung und Verbesserung erfolgen. Die Umsetzungsmethode ist jedoch bei beiden unterschiedlich: Der IT-Grundschutz basiert auf die Bottom-Up-Methode, da aus einer sehr umfangreichen Sammlung von konkreten Maßnahmen die auf die einzelnen Objekte passend ausgewählt werden können (inkl. ausführliche Gefährdungs- und Maßnahmenkataloge). So ist es auch ohne die Absicht für eine Umsetzung eines ISMS möglich, eine gute Sicherheit zu erreichen (vgl. Koop, 2019; a Campo, 2010). Im Gegensatz dazu verlangt die ISO 27001/27002 die Top-Down-Methode, da es keine konkreten Anweisungen, sondern nur generische Hinweise zu Beginn geben kann. Die konkreten Maßnahmen zur Sicherung der IT-Struktur müssen aus den allgemeinen Anweisungen hergeleitet werden (vgl. ebd.).

3.3 Grafische Darstellung des Vergleichs

Zur besseren Übersicht soll das folgende Venn-Diagramm als grafische Abbildung dienen. Auf der linken Seite werden die Unterschiede des IT-Grundschutzes im Gegensatz zur ISO 27001 dargestellt. In der Mitte sehen wir die Schnittmenge beider Standards (Gemeinsamkeiten).

Abbildung 3: Grafischer Vergleich IT-Grundschutz und ISO 27001 – eigene Darstellung

4. Fazit

Die dargestellten Gemeinsamkeiten und Unterschiede der beiden Standards zeigen auf, dass es unterschiedliche Wege und Empfehlungen gibt, ein ISMS zu etablieren. Welcher Ansatz genutzt wird, liegt im Ermessensspielraum der Verantwortlichen. Allerdings sei darauf hingewiesen, dass nicht ein einzelner Standard gewählt werden muss, denn grundsätzlich sollte durch den risikobasierten Ansatz diejenigen Maßnahmen ausgewählt werden, die der Unternehmensstrategie entsprechen und zu der Erreichung der Unternehmensziele beitragen.

Die Wahl der Methode kann auch in gewisser Hinsicht von der Art der Organisation abhängig sein. Wenn die Organisation eher eine hierarchische Struktur hat (z.B. Konzernstruktur), ist die Umsetzung eines ISMS gemäß dem ISO Standards vielleicht praktikabler und leichter umzusetzen, auf Grund des Top-Down Ansatzes. Ist die Organisation jedoch eher partizipativ (z.B. Hochschule), ist das Aufwachsen der Informationssicherheit bei konkreten Vorgaben und bereits fertigen Risikoanalysen im normalen Schutzbedarf der scheinbar praktikablere Weg.

Es soll hier noch einmal explizit erwähnt werden, dass auch der IT-Grundschutz auf bestimmte Branchen angepasst und durch das BSI explizit für die Branche freigegeben werden kann. Als Beispiel soll das IT-Grundschutz-Profil für Hochschulen (vgl. ZKI, 2022) dienen. Dieses ist als „Blaupause" für die wichtigsten Geschäftsprozesse der Hochschulen bereits angepasst und ausgelegt, d.h. auch praktikabler zu implementieren. Dies entlastet die Organisation jedoch nicht, explizit zu prüfen, ob bestimmte Geschäftsprozesse oder andere Assets nicht einen höheren Schutzbedarf aufweisen und somit einer Risikoanalyse unterliegen müssen.

Des Weiteren existieren auch für kritische Infrastrukturen (KRITIS) gem. dem BSI-Gesetz (vgl. Bundestag, 2009) und der BSI-KRITIS-Verordnung (vgl. BMI, 2016) bestimmte branchenspezifische Sicherheitsstandards (B3S) (vgl. BSI, Übersicht der branchenspezifischen Sicherheitsstandards, o.D.), die ebenfalls bei der Implementierung eines „abgespeckten" ISMS sehr hilfreich sind. Diese können durch Branchenverbände erstellt und anschließend durch das BSI freigegeben werden.

Wenn als Standard grundsätzlich die ISO 27001 in dem jeweiligen Unternehmen/der Organisation zur Einführung eines ISMS gewählt wird, ist es hilfreich und ein Stück richtungsweisend, die Bausteine des BSI ebenfalls zu betrachten. So wird sichergestellt, den Stand der Technik im Blick zu haben und die jeweiligen umzusetzenden Maßnahmen dementsprechend zu beschreiben. Vor allem der Gesetzgeber fordert durch verschiedene Gesetze die kontinuierliche Anwendung und die gebührende Berücksichtigung des Standes der Technik (vgl. Datenschutzgrundverordnung, Bundesdatenschutzgesetz, BSI-Gesetz).

Literaturverzeichnis

a Campo, M. C. (2010, 20. Oktober). IT-Sicherheit nach den Standards ISO 27001 und BSI Grundschutz. Security Insider. Abgerufen am 5. August 2022, von https://www.security-insider.de/it-sicherheit-nach-den-standards-iso-27001-und-bsi-grundschutz-a-287441/?p=2

BMI. (2016, 22. April). Verordnung zur Bestimmung Kritischer Infrastrukturen nach dem BSI-Gesetz (BSI-Kritisverordnung - BSI-KritisV). Gesetze im Internet. Abgerufen am 8. August 2022, von https://www.gesetze-im-internet.de/bsi-kritisv/BJNR095800016.html

BSI. (o. D.-a). ISO 27001 Zertifizierung auf Basis von IT-Grundschutz. Bundesamt für Sicherheit in der Informationstechnik. Abgerufen am 5. August 2022, von https://www.bsi.bund.de/DE/Themen/Unternehmen-und-Organisationen/Standards-und-Zertifizierung/Zertifizierung-und-Anerkennung/Zertifizierung-von-Managementsystemen/ISO-27001-Basis-IT-Grundschutz/iso-27001-basis-it-grundschutz_node.html

BSI. (o. D.-b). Lerneinheit 2.1 - Der Sicherheitsprozess. Bundesamt für Sicherheit in der Informationstechnik. Abgerufen am 5. August 2022, von https://www.bsi.bund.de/DE/Themen/Unternehmen-und-Organisationen/Standards-und-Zertifizierung/IT-Grundschutz/Zertifizierte-Informationssicherheit/IT-Grundschutz-schulung/Online-Kurs-IT-Grundschutz/Lektion_2_Sicherheitsmanagement/2_01_Sicherheitsprozess.html

BSI. (o. D.-c). Übersicht der Branchenspezifischen Sicherheitsstandards (B3S). Bundesamt für Sicherheit in der Informationstechnik. Abgerufen am 8. August 2022, von https://www.bsi.bund.de/DE/Themen/KRITIS-und-regulierte-Unternehmen/Kritische-Infrastrukturen/Allgemeine-Infos-zu-KRITIS/Stand-der-Technik-umsetzen/Uebersicht-der-B3S/uebersicht-der-b3s_node.html

BSI. (2017). BSI-Standard 200–2. Bundesamt für Sicherheit in der Informationstechnik. Abgerufen am 5. August 2022, von https://www.bsi.bund.de/DE/Themen/Unternehmen-und-Organisationen/Standards-und-Zertifizierung/IT-Grundschutz/BSI-Standards/BSI-Standard-200-2-IT-Grundschutz-Methodik/bsi-standard-200-2-it-grundschutz-methodik_node.html

BSI. (2017b). BSI-Standard 200–3. Bundesamt für Sicherheit in der Informationstechnik. Abgerufen am 6. August 2022, von https://www.bsi.bund.de/SharedDocs/Downloads/DE/BSI/Grundschutz/BSI_Standards/standard_200_3.pdf?__blob=publicationFile&v=2

BSI. (2021, 3. Dezember). Zuordnungstabelle ISO zum IT-Grundschutz. Bundesamt für Sicherheit in der Informationstechnik. Abgerufen am 10. August 2022, von https://www.bsi.bund.de/SharedDocs/Downloads/DE/BSI/Grundschutz/Kompendium/Zuordnung_ISO_und_IT_Grundschutz.html

BSI. (2022). IT-Grundschutz-Kompendium – Werkzeug für Informationssicherheit (Edition 2022). Bundesamt für Sicherheit in der Informationstechnik. Abgerufen am 2. August 2022, von https://www.bsi.bund.de/DE/Themen/Unternehmen-und-Organisationen/Standards-und-Zertifizierung/IT-Grundschutz/IT-Grundschutz-Kompendium/it-grundschutz-kompendium_node.html

BSI - BSI-Standards. (o. D.). Bundesamt für Sicherheit in der Informationstechnik. Abgerufen am 2. August 2022, von https://www.bsi.bund.de/DE/Themen/Unternehmen-und-Organisationen/Standards-und-Zertifizierung/IT-Grundschutz/BSI-Standards/bsi-standards_node.html

BSI - Bundesamt für Sicherheit in der Informationstechnik. (2022). IT-Grundschutz-Kompendium (Loseblattwerk in 1 Ordner Aufl.). Reguvis Fachmedien.

BSI - IT-Grundschutz. (o. D.). Bundesamt für Sicherheit in der Informationstechnik. Abgerufen am 2. August 2022, von https://www.bsi.bund.de/DE/Themen/Unternehmen-und-Organisationen/Standards-und-Zertifizierung/IT-Grundschutz/it-grundschutz_node.html

BSI - IT-Grundschutz-Bausteine (Edition 2022). (2022). Bundesamt für Sicherheit in der Informationstechnik. Abgerufen am 2. August 2022, von https://www.bsi.bund.de/DE/Themen/Unternehmen-und-Organisationen/Standards-und-Zertifizierung/IT-Grundschutz/IT-Grundschutz-Kompendium/IT-Grundschutz-Bausteine/Bausteine_Download_Edition_node.html

Bundestag. (2009, 14. August). Gesetz über das Bundesamt für Sicherheit in der Informationstechnik (BSI-Gesetz - BSIG). Gesetze im Internet. Abgerufen am 8. August 2022, von https://www.gesetze-im-internet.de/bsig_2009/BJNR282110009.html

Eckert, C. (2013). It-Sicherheit: Konzepte - Verfahren - Protokolle. de Gruyter.

ISO. (2022). ISO/IEC 27002:2022–02 - Information security, cybersecurity and privacy protection — Information security controls (2022.–02 Aufl. Aufl., Bd. 27002). ISO.

Kersten, H., Klett, G., Reuter, J. & Schröder, K. (2019). IT-Sicherheitsmanagement nach der neuen ISO 27001: ISMS, Risiken, Kennziffern, Controls (Edition) (2., akt. Aufl. 2020 Aufl.). Springer Vieweg.

Koop, M. K. (2019, 8. Juli). Gegenüberstellung: ISMS nach ISO 27001 oder IT-Grundschutz (BSI) umsetzen? Adiccon. Abgerufen am 5. August 2022, von https://adiccon.de/gegenueberstellung-isms-nach-iso-27001-oder-it-grundschutz-bsi-umsetzen/

Zentren für Kommunikation und Informationsverabeitung e.V. (ZKI). (2020). IT-Grundschutz-Profil für Hochschulen (Version 1.0 Aufl.) [E-Book]. Selfpublishing. Abgerufen am 6. August 2022, von https://www.zki.de/fileadmin/user_upload/Downloads/IT-Grundschutz-Profil_fuer_Hochschulen_V1_0.pdf